7K

Ton corps et toi

L'oreille

Douglas Mathers

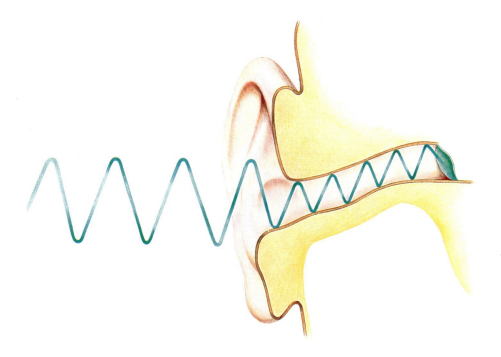

Illustrations de
Andrew Farmer et **Robina Green**

Adaptation française
de **Nicole Ferron**

ÉDITIONS HÉRITAGE INC. – ÉDITIONS GAMMA

L'édition originale de cet ouvrage
a paru sous le titre : **Ears**

© 1992 Eagle Books Limited

Adaptation française de Nicole Ferron
© Les éditions Héritage Inc. 1992
Tous droits réservés

Dépôts légaux : 3e trimestre 1992
Bibliothèque nationale du Québec
Bibliothèque nationale du Canada

ISBN : 2-7625-6997-4

Exclusivité en Europe :
Éditions Gamma, Tournai, 1992
D/1992/0195/75

ISBN : 2-7130-1361-5

Imprimé à Singapour
par Star Standard Industries Pte. Ltd.

Illustrations

Andrew Farmer couvertures recto et verso,
    pages 1, 2, 3, 5, 12/13,
    14, 14/15, 16/17, 17, 18,
    18/19, 20/21, 22/23

Robina Green couverture recto, pages 4,
    6, 6/7, 8, 9, 10, 11, 13,
    19, 20, 24, 26, 26/27, 28,
    29

Autres illustrations : Cooper-Wilson

Photographies

Science Photo Library (Goran Bredberg)
    couverture recto, page 16
    (Gordon Garradd) page 7
    (CNRI) page 14
    Siemens page 29
    ZEFA page 21

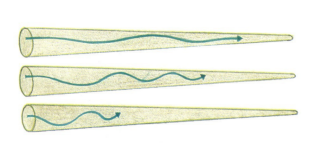
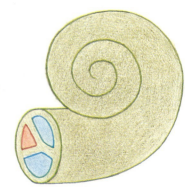

Sommaire

À quoi te servent tes oreilles ?	4
Le son	6
Les ondes sonores	8
Que peux-tu entendre ?	10
L'oreille externe	12
L'oreille moyenne	14
L'oreille interne : le limaçon	16
L'oreille interne : les canaux	18
Le cerveau et l'équilibre	20
Le cerveau et le son	22
Les modèles sonores	24
La distance	26
Que peut-il arriver à tes oreilles ?	28
Glossaire	30
Index	32

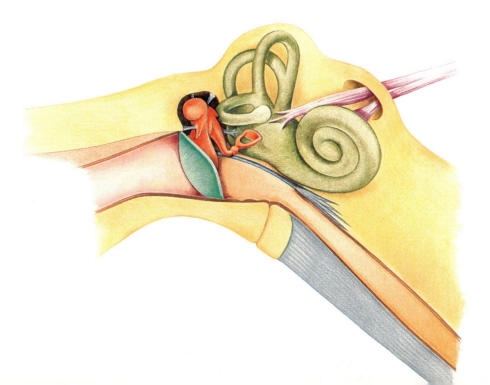

À quoi te servent tes oreilles?

Touche ton oreille. Savais-tu que c'est là une partie seulement d'un organe complexe qui accomplit pour toi bien d'autres tâches qu'entendre? L'oreille te permet d'évaluer les distances, et c'est le siège de l'équilibre de ton corps. Elle te permet aussi de te déplacer et de distinguer le haut du bas. Sans elle, tu ne pourrais pas rester debout.

La partie externe de l'oreille (celle que tu peux voir et toucher) est appelée *oreille externe*. Sa forme lui permet de recueillir les sons renforcés par l'*oreille moyenne*. Les fonctions de l'ouïe et de l'équilibre sont remplies par l'*oreille interne*, enfouie profondément dans ton crâne, derrière et un peu plus bas que ton globe oculaire.

Comme tes yeux, tes oreilles sont des organes sensoriels spéciaux. Tes sens sont vitaux; toute parcelle d'information du monde extérieur t'est transmise par eux.

▼ Cette coupe montre que les parties internes de l'oreille sont situées en arrière et légèrement plus bas que tes yeux.

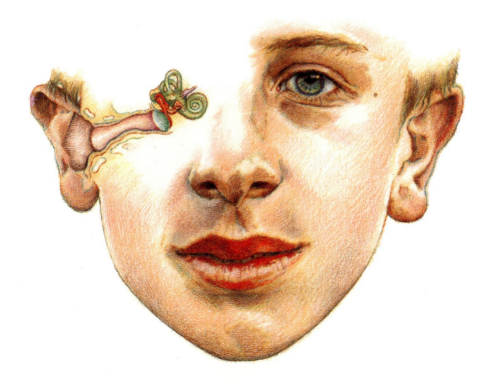

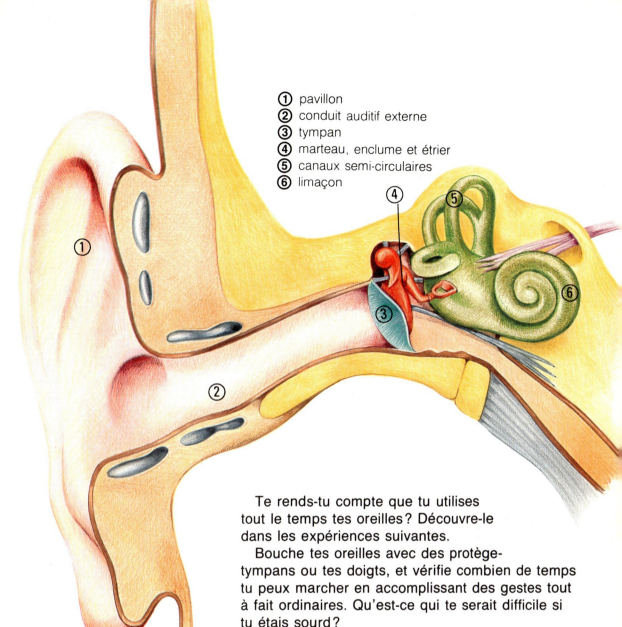

① pavillon
② conduit auditif externe
③ tympan
④ marteau, enclume et étrier
⑤ canaux semi-circulaires
⑥ limaçon

▲ L'oreille externe comprend le pavillon et le conduit auditif. L'oreille moyenne est composée du tympan et d'une chaîne d'osselets. L'oreille interne contient les canaux semi-circulaires et le limaçon.

Te rends-tu compte que tu utilises tout le temps tes oreilles? Découvre-le dans les expériences suivantes.

Bouche tes oreilles avec des protège-tympans ou tes doigts, et vérifie combien de temps tu peux marcher en accomplissant des gestes tout à fait ordinaires. Qu'est-ce qui te serait difficile si tu étais sourd?

Maintenant, bande tes yeux et laisse un ami te conduire lentement dans une pièce qui t'est familière. Frappe les objets en passant et note bien ce que tu entends. Essaie de deviner où tu te trouves dans la pièce et identifie les objets. Intervertissez les rôles et discutez de vos expériences. Peut-être commences-tu à comprendre l'importance du sens de l'ouïe.

Le son

La fonction la plus importante de l'oreille, c'est d'entendre, et, chaque jour, nous entendons une étendue de sons incroyable. Pense aux sons les plus faibles et les plus forts que tu connaisses. Et qu'en est-il de ceux que tu préfères ou qui te déplaisent? Certains sont si familiers qu'après quelque temps, tu ne les entends plus, le bourdonnement du réfrigérateur, par exemple.

Comment sont produits les sons? Étire un élastique, puis pince-le. L'élastique va se déplacer de haut en bas tellement vite que tu auras de la peine à le voir clairement. Les *vibrations* produisent les sons que tu entends. Tous les sons sont produits par les vibrations d'un objet. Si tu mets ta main sur ta pomme d'Adam tout en disant «aah», tu vas la sentir vibrer.

Le son est conduit à tes oreilles de différentes façons. Il peut être propagé par un solide, un liquide ou un gaz. Le son se déplace habituellement dans l'air, un mélange de gaz. Il n'y a pas d'air sur la Lune, c'est pourquoi les astronautes qui y sont allés ont dû communiquer entre eux par radio.

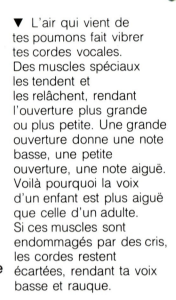

▼ L'air qui vient de tes poumons fait vibrer tes cordes vocales. Des muscles spéciaux les tendent et les relâchent, rendant l'ouverture plus grande ou plus petite. Une grande ouverture donne une note basse, une petite ouverture, une note aiguë. Voilà pourquoi la voix d'un enfant est plus aiguë que celle d'un adulte. Si ces muscles sont endommagés par des cris, les cordes restent écartées, rendant ta voix basse et rauque.

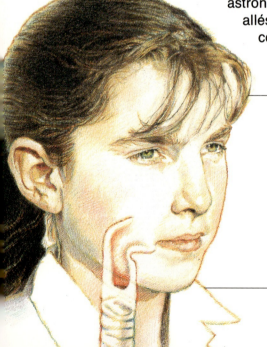

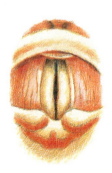

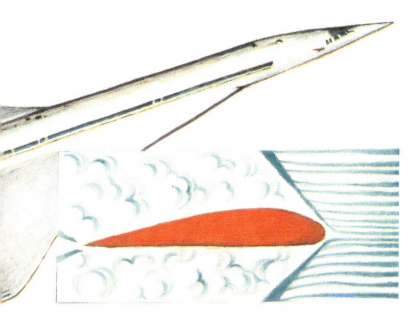

◀ Lorsque l'air se déplace au-dessus de l'aile d'un avion, il produit un bruit, comme le font tes cordes vocales. À la vitesse supersonique, l'onde sonore qui vient de l'avant de l'aile heurte celle qui arrive de l'arrière. C'est cela qui produit le «bang supersonique».

▶ Les nuages contiennent des milliards de gouttelettes d'eau. Chacune contient une petite charge électrique. Lorsque les nuages se déplacent rapidement, ces gouttes chargées électriquement se frappent. La charge électrique atteint le sol, produisant un éclair et une détonation. L'éclair arrive à tes yeux à la vitesse de 300 000 km/sec, la vitesse de la lumière. Le son voyage beaucoup plus lentement, à un tiers de kilomètre à la seconde.

Comparé à l'électricité et à la lumière qui voyagent presque instantanément, le son se déplace lentement. Tu entends habituellement le tonnerre plusieurs secondes après avoir vu l'éclair qui en est la cause. Nous voyons des avions de combat volant à basse altitude avant de les entendre parce qu'ils filent plus vite que le son.

La vitesse du son est d'environ 1 225 km/h. Lorsqu'un avion comme le Concorde atteint cette vitesse, l'*onde sonore* à l'avant de l'aile heurte celle de l'arrière de l'aile. Cela produit le *bang supersonique* que tu entends lorsqu'un avion franchit le *mur du son*.

Les ondes sonores

Le son se déplace sous forme d'ondes. Nous ne pouvons pas les voir dans l'air, mais cela est possible dans l'eau. Remplis un verre avec un liquide et tiens la base du verre d'une main. Mouille un doigt de ton autre main, puis passe-le autour du bord. Le bruit est grinçant, mais il devient clair lorsque le verre vibre. Lorsque le son est clair, regarde l'onde à la surface de l'eau. Cette onde est causée par le son. Différentes quantités de liquide produisent différentes notes. Voilà comment fonctionne un instrument de musique appelé l'harmonica de verre.

Comment un son devient-il une onde ? Les vibrations sonores d'un élastique pincé font vibrer les particules d'air ambiant d'un côté à l'autre et d'en avant en arrière. Chaque particule se déplace sur une courte distance puis revient, mais elle passe son énergie à la particule voisine. Ce mouvement continuel de bas en haut

▼ Différentes quantités de liquide dans le verre produisent différentes notes lorsque tu fais tourner ton doigt sur le pourtour. Un verre plein produit une basse fréquence et une note grave. Un verre à moitié plein produit une moyenne fréquence et un verre presque vide, une haute fréquence et une note aiguë.

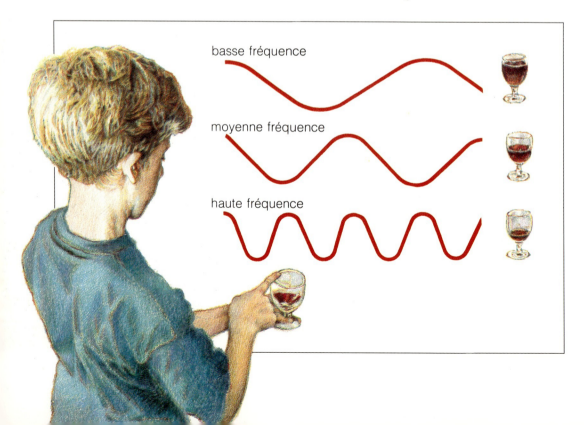

▶ Prends une règle pour produire des ondes sonores de différentes fréquences. Tiens la règle près du bord d'une table et fais-la vibrer. Remarque bien quand tu obtiens des notes graves et des notes aiguës, et comment tu peux obtenir un bruit plus fort.

des particules ressemble à des vagues. Alors que l'énergie est transmise d'une particule à l'autre, le son devient de plus en plus faible jusqu'à s'éteindre. À ce point, l'onde sonore s'arrête.

Les ondes ont des hauts et des bas. La hauteur d'une onde sonore est l'écart entre le haut et le bas de cette onde, et est appelée l'*amplitude*. Plus l'amplitude est grande et plus le son est fort. La distance séparant un point d'une onde et le même point d'une onde voisine est appelée la *longueur d'onde*.

Le nombre d'ondes atteignant le même point en une seconde est appelé la *fréquence*. La fréquence est mesurée en unités appelées *hertz*. Normalement, les humains perçoivent des sons dont la fréquence varie de 20 à 20 000 périodes par seconde, ou de 20 à 20 000 hertz.

▼ La hauteur d'une onde sonore est son amplitude. Dans l'expérience ci-dessus, lorsqu'une grande partie de la règle dépasse de la table, l'extrémité s'agite sur une longue distance. Donc, le nombre d'ondes par seconde est bas et tu obtiens un son faible. Plus tu plies la règle, plus le son est fort.

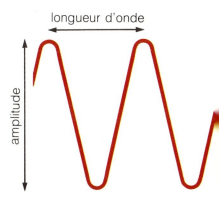

Que peux-tu entendre?

Les hautes fréquences produisent des notes au *ton* (qualité sonore) aigu alors que les basses fréquences produisent des tons graves. L'élastique que nous avons utilisé pour démontrer les vibrations sonores peut aussi nous aider à comprendre les fréquences. Étire bien l'élastique et pince-le. Les vibrations sont trop rapides pour que ton oeil les suive. La haute fréquence des ondes produit un son d'un ton plus aigu. Qu'est-ce qui arrive si tu pinces un élastique lâchement tendu?

Certains sons sont trop aigus pour l'oreille humaine. Les humains peuvent seulement détecter ces *ultrasons* grâce à des instruments scientifiques. Certains sifflets produisent des ultrasons que le chien peut entendre, alors que la personne qui siffle ne le peut pas! Les ultrasons sont aussi utilisés par le *sonar* d'un bateau. En mesurant l'écho des ultrasons qui frappent des objets, ces derniers peuvent être localisés et des dangers, évités.

▶ La zone bleu foncé montre un échantillon des fréquences (en hertz) que les humains peuvent exécuter. La zone rouge foncé montre ce que les humains peuvent entendre. Les deux groupes de zones sont comparés avec les registres de certains animaux.

▼ Une basse fréquence produit un ton grave.

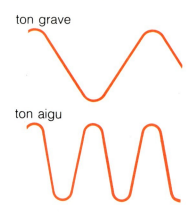

ton grave

ton aigu

▶ Les ondes sonores peuvent traverser l'eau et être réfléchies sur les fonds marins. Le temps d'un aller-retour du son peut être mesuré et utilisé pour connaître la géographie de ces fonds. On appelle cet instrument de mesure un sondeur acoustique.

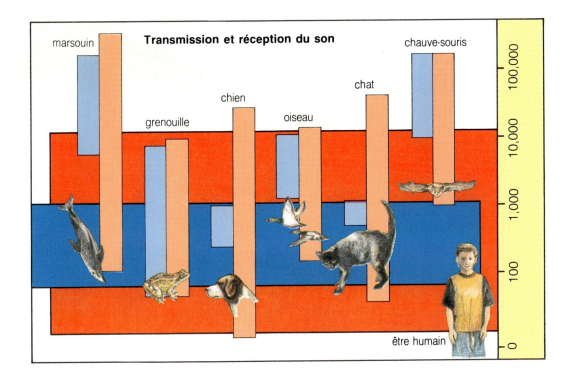

En vieillissant, tes oreilles entendent moins bien. Si tu as un rhume, tu ne peux pas entendre ton habituel registre de fréquences. De même, les gens qui habitent la campagne ont souvent une ouïe plus fine que ceux qui vivent dans les villes bruyantes.

Étant donné que les gens n'entendent pas tous de la même manière, le bruit ne peut pas être mesuré scientifiquement. Par contre, nous pouvons mesurer l'intensité d'un son en regardant son amplitude. Les différences d'amplitude sont mesurées en unités appelées *bels*. Cette unité a été appelée ainsi d'après le nom de l'inventeur du téléphone, Alexander Graham Bell. Alors que la parole est d'environ 6 bels, le marteau-piqueur atteint 12 bels. Pourtant, le bruit du marteau-piqueur n'est pas seulement deux fois plus fort. Une augmentation d'un bel veut dire que le son est dix fois plus fort qu'avant. Le marteau-piqueur est donc plus d'un million de fois plus fort que la parole. Le bel est une unité tellement grande que pour les mesures quotidiennes, on utilise le dixième d'un bel, ou le *décibel*.

▼ Tu peux comparer l'intensité de plusieurs sons en les mesurant en décibels. Les sons très forts peuvent endommager tes oreilles.

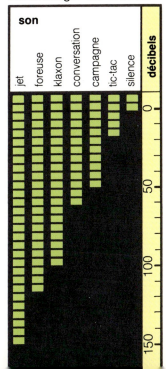

L'oreille externe

Comment ton oreille entend-elle les sons ? D'abord, les ondes sonores sont recueillies par les plis recourbés de ton oreille externe, ou *pavillon*. Le pavillon est fait de peau et d'un matériau caoutchouteux appelé *cartilage*.

Les muscles de l'oreille sont très peu développés, mais plusieurs animaux peuvent faire pivoter leurs pavillons pour capter les sons. Si tu connais bien un animal, tiens-toi derrière lui et appelle-le pour voir comment travaillent les muscles de ses oreilles. Certains animaux, comme les lapins, ont besoin d'entendre leurs ennemis s'approcher, aussi ont-ils de très grandes oreilles pour capter le plus de sons possible.

Le pavillon fait converger les sons dans un tube d'environ un centimètre de long situé dans l'oreille. C'est le *conduit auditif externe*, un canal chaud et humide que les microbes apprécient. Aussi, les oreilles se protègent en produisant de la cire. Parfois, cette cire s'accumule et bloque le passage des sons. Un médecin peut la ramollir et la retirer en introduisant doucement de l'eau chaude dans l'oreille.

▲ Le pavillon concentre les ondes sonores et les canalise dans le conduit jusqu'au tympan. Tu entends plus clairement les sons qui proviennent de l'avant.

▶ La taille de l'oreille externe ne détermine pas la qualité de l'audition de l'animal. Les oiseaux ont de petites ouvertures derrière les yeux, mais ils peuvent très bien entendre. Les lapins ont de bons muscles à la base des oreilles aussi peuvent-ils orienter leurs oreilles sans bouger la tête.

Il est dangereux d'enfoncer des objets dans tes oreilles pour les nettoyer. Ils pourraient rester coincés, blesser l'oreille ou y introduire des microbes.

L'extrémité du conduit auditif externe est fermée par une membrane, ou une fine peau, appelée le *tympan*. Ce dernier vibre comme un tambour lorsque les ondes sonores le frappent.

▶ Le poisson n'a ni oreille externe ni oreille moyenne. Il possède un organe faisant office d'oreille interne, le labyrinthe. D'autres sont aussi dotés d'une ligne latérale de chaque côté du corps. Cet organe est sensible aux vibrations et aux changements de pression dans l'eau.

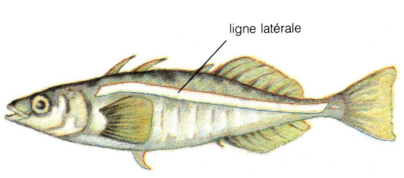

ligne latérale

L'oreille moyenne

De l'autre côté du tympan, il y a une cavité remplie d'air: l'oreille moyenne. Elle contient les trois plus petits os du corps: le *marteau*, l'*enclume* et l'*étrier*. Peux-tu deviner pourquoi ils sont nommés ainsi? Ils sont reliés et forment une chaîne d'environ 5 mm de long qui est soudée au tympan par le marteau.

En vibrant, le tympan fait bouger les osselets. Ceci accroît ou *amplifie* les mouvements du tympan jusqu'à vingt fois et te permet d'entendre des sons très légers. De minuscules muscles altèrent le mouvement des osselets afin que les sons trop violents n'endommagent pas tes oreilles.

Quand la pression atmosphérique change, par exemple lorsque tu es en avion ou dans un ascenseur, l'air dans l'oreille moyenne se dilate ou se contracte pour s'accommoder au changement de pression. Cela pourrait endommager les osselets ou même crever le tympan. Heureusement, un mécanisme de sécurité assuré par la *trompe d'Eustache* intervient pour éviter cela.

▼ Photographie (*à gauche*) des osselets, et illustration de la façon dont ils transmettent les vibrations. Le tympan fait vibrer le marteau, qui fait bouger l'enclume. Celle-ci active l'étrier, qui fait vibrer le limaçon.

Les osselets de l'oreille moyenne

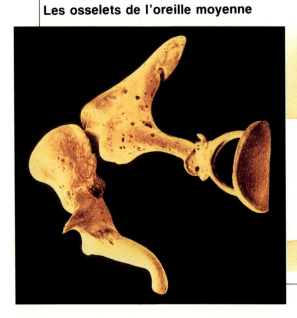
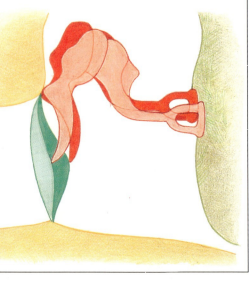

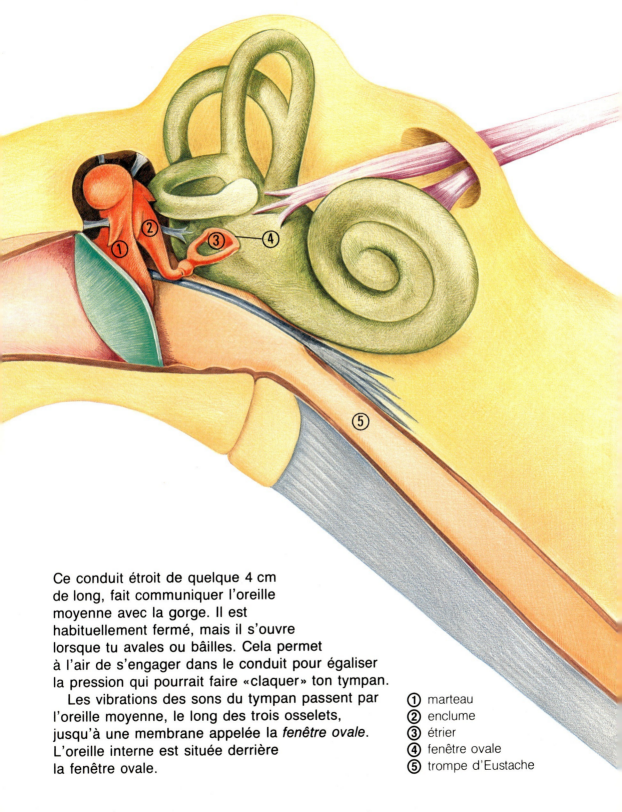

Ce conduit étroit de quelque 4 cm de long, fait communiquer l'oreille moyenne avec la gorge. Il est habituellement fermé, mais il s'ouvre lorsque tu avales ou bâilles. Cela permet à l'air de s'engager dans le conduit pour égaliser la pression qui pourrait faire «claquer» ton tympan.

Les vibrations des sons du tympan passent par l'oreille moyenne, le long des trois osselets, jusqu'à une membrane appelée la *fenêtre ovale*. L'oreille interne est située derrière la fenêtre ovale.

① marteau
② enclume
③ étrier
④ fenêtre ovale
⑤ trompe d'Eustache

L'oreille interne : le limaçon

L'oreille interne osseuse repose à l'intérieur du crâne. Une partie de celle-ci est un tube spiralé en forme de coquille d'escargot. C'est le *limaçon*, du mot latin qui signifie escargot. À l'intérieur du limaçon aussi appelé cochlée, il y a une membrane recouverte de cils fins, appelée *organe de Corti* d'après le médecin italien qui l'a décrite le premier. Le reste du limaçon est rempli d'un fluide qu'on appelle *endolymphe*.

Lorsque les osselets de l'oreille moyenne bougent, ils étirent la peau de la fenêtre ovale. Ce mouvement agite l'endolymphe qui fait à son tour bouger les cils de l'organe de Corti, tout comme le vent soufflant sur un champ de blé. À la base de chaque cil, il y a une cellule nerveuse qui ressent tout mouvement. La cellule envoie un signal électrique à travers le *nerf auditif* jusqu'au

① étrier
② fenêtre ovale
③ organe de Corti

Le limaçon est rempli d'endolymphe.

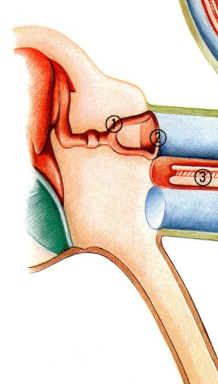

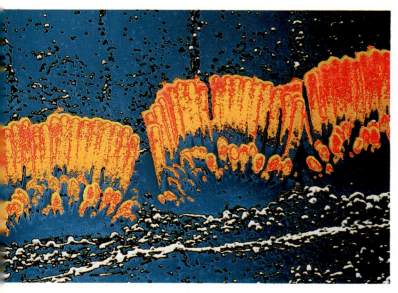

▲ Rangée de cellules ciliées de l'oreille interne vue à travers un microscope électronique et grossie plus de 5 000 fois. Chaque cellule contient jusqu'à 100 cils, les plus petits à l'avant et les plus longs derrière.

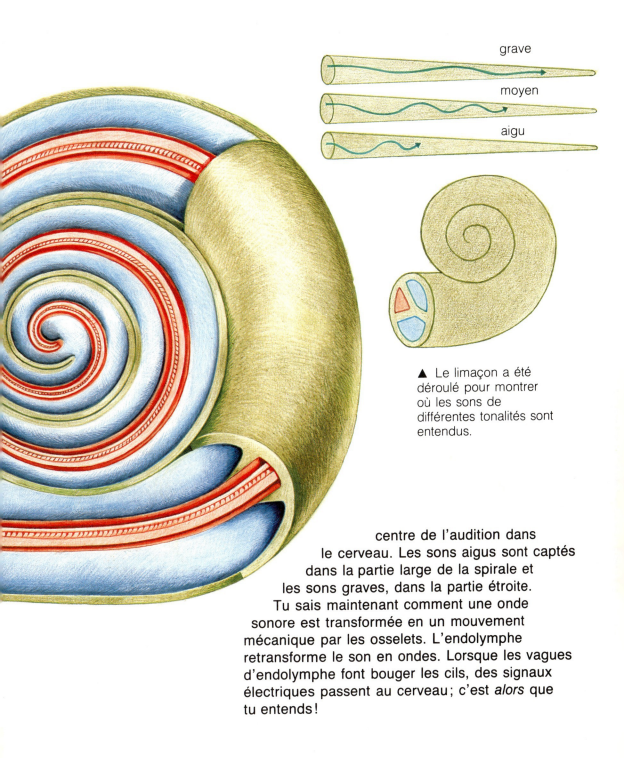

▲ Le limaçon a été déroulé pour montrer où les sons de différentes tonalités sont entendus.

centre de l'audition dans le cerveau. Les sons aigus sont captés dans la partie large de la spirale et les sons graves, dans la partie étroite. Tu sais maintenant comment une onde sonore est transformée en un mouvement mécanique par les osselets. L'endolymphe retransforme le son en ondes. Lorsque les vagues d'endolymphe font bouger les cils, des signaux électriques passent au cerveau; c'est *alors* que tu entends!

L'oreille interne : les canaux

À côté du limaçon, il y a trois *canaux semi-circulaires*. Ils contribuent à ton équilibre en faisant savoir au cerveau quels mouvements ton corps accomplit.

Comme le limaçon, ces canaux ont une partie osseuse recouverte d'une fine peau velue et remplie d'endolymphe. Les tubes incurvés des canaux sont à angle droit les uns par rapport aux autres, donc le moindre mouvement de tête va affecter l'endolymphe dans au moins l'un d'eux. L'endolymphe en mouvement courbe les cils sensoriels. Les nerfs de ces cils informent le cerveau des mouvements de la tête.

La gravité est la force qui nous attire vers le centre de la Terre, et ton sens de l'équilibre t'informe de ta position en relation avec cette force. De fins cristaux de carbonate de calcium, appelés *otolithes*, pressent sur certains cils à la base des canaux.

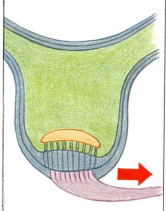

▲ Cette section d'un canal semi-circulaire montre un otolithe pressant sur des cellules ciliées à la base. Les nerfs des cellules ciliées envoient des signaux au cerveau pour lui indiquer la position de la tête.

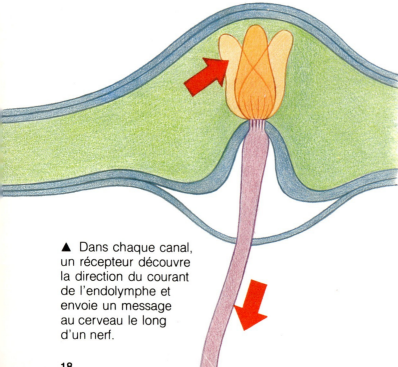

▲ Dans chaque canal, un récepteur découvre la direction du courant de l'endolymphe et envoie un message au cerveau le long d'un nerf.

▶ Les trois canaux semi-circulaires sont disposés à angle droit les uns par rapport aux autres, comme les trois côtés du coin d'une boîte. C'est pourquoi les canaux peuvent mesurer le mouvement dans n'importe quelle direction.

Lorsque ta tête s'incline, les cristaux se déplacent sous l'influence de la gravité et pressent sur d'autres cils. Les nerfs de ces cils font connaître au cerveau la position de ta tête.

Même les yeux fermés, ou sous l'eau, les otolithes vont t'aider à connaître la position de ta tête. Mais lorsque tu roules rapidement en voiture sur une colline en pente, tu ressens quelquefois une étrange sensation. Cela est dû au fait que les otolithes « flottent » pendant un moment, ce qui trompe ton sens de la gravité.

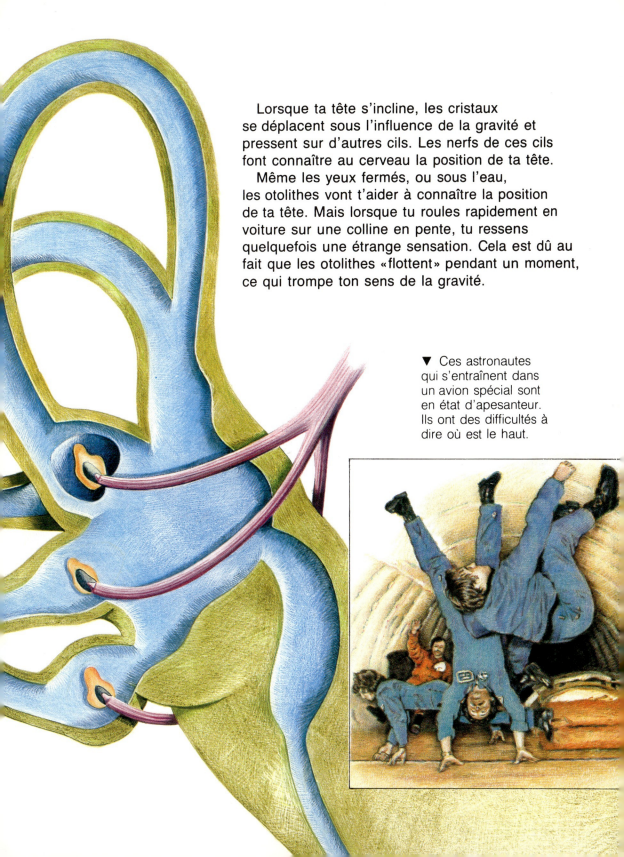

▼ Ces astronautes qui s'entraînent dans un avion spécial sont en état d'apesanteur. Ils ont des difficultés à dire où est le haut.

Le cerveau et l'équilibre

Le cerveau t'empêche de tomber en additionnant toutes les informations des canaux semi-circulaires avec les autres données sensorielles du reste du corps.

Ceci s'accomplit dans le *cervelet*, partie du cerveau située à l'arrière de la tête et qui ressemble à un chou-fleur. Le cervelet d'un chat est très gros, et on sait que les chats ont un bon sens de l'équilibre.

Lorsque les signaux venant des canaux semi-circulaires ne concordent pas avec ceux qui viennent du corps, tu te sens étourdi et malade. C'est ce qui provoque parfois le mal des transports ou le mal de mer si un changement rapide de mouvement survient autour de toi. Tu peux te sentir étourdi lorsque l'apport sanguin au cerveau est trop faible, comme lorsque tu te lèves trop vite. La même chose se produit si l'oreille est infectée ou si le cerveau est affecté par l'alcool.

▼ Les signaux nerveux de l'oreille atteignent le cerveau au bulbe rachidien (**1**). L'équilibre est contrôlé par le cervelet (**2**). Le lobe occipital (**3**), à l'arrière du cerveau, est le siège de la vision. Une région spéciale (**4**) t'aide à reconnaître les sons, les mots écrits (**5**), et à

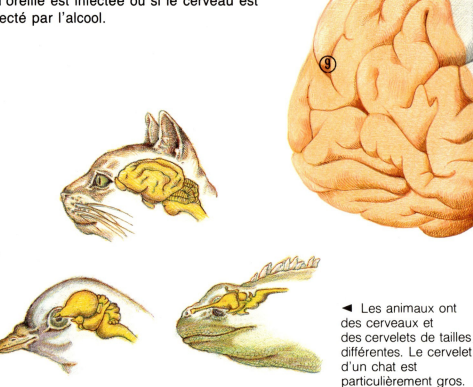

◄ Les animaux ont des cerveaux et des cervelets de tailles différentes. Le cervelet d'un chat est particulièrement gros.

reproduire le langage (**6**). Le cortex moteur (**7**) et le cortex sensoriel (**8**) maintiennent l'équilibre et tournent ta tête en direction des sons. Le lobe frontal (**9**) est l'endroit où tu juxtaposes les sons et les images pour comprendre leur signification.

Cherche un endroit sûr où tu peux tourner sur toi-même. Sois prudent! Lorsque tu t'arrêtes, la pièce semble continuer à bouger. Tu peux même tomber si tu as tourné trop vite!

La raison de ce vertige est que l'endolymphe continue de bouger un peu après que tu t'es arrêté. Le cerveau croit davantage aux messages envoyés par l'endolymphe agitée dans l'oreille qu'à ceux de l'oeil, et il tente de faire bouger les yeux pour suivre le mouvement.

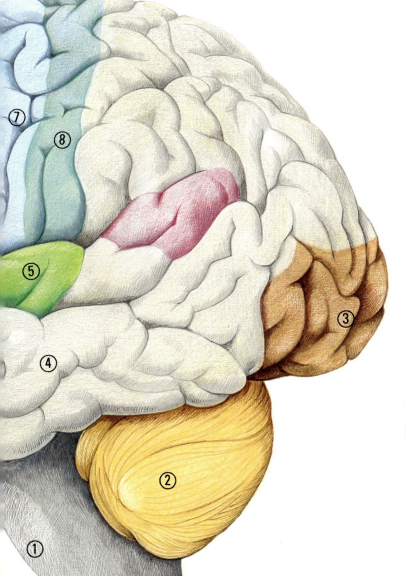

▲ Une ballerine a autant besoin d'un bon sens de l'équilibre que d'un contrôle musculaire et de technique.

Le cerveau et le son

Les signaux du limaçon se déplacent le long du nerf auditif qui part de chaque oreille vers la partie du cerveau qui s'appelle *bulbe rachidien*, au sommet de la moelle épinière. Passe ton doigt à l'arrière de ton cou jusqu'à ce qu'il touche le bas de ton crâne. Le bulbe rachidien est à environ un demi-doigt de profondeur sous ton doigt. Il s'agit d'une jonction pour les nerfs qui viennent de tout le corps, et les signaux y sont acheminés vers différentes parties du cerveau.

Les parties du cerveau à proximité du bulbe s'occupent de ta survie même si tu n'es pas conscient de la tâche qu'elles effectuent. C'est ainsi que tu sursautes en entendant un bruit avant de le reconnaître, ou que tu tournes la tête sans y penser lorsque quelqu'un t'appelle. Un son que tu ne remarques pas en plein jour peut t'effrayer au milieu de la nuit.

L'absence d'un son connu peut aussi être effrayante. Une nuit, la police d'une petite ville reçut environ 200 appels provenant d'une rue où on rapportait des vols ou d'autres désordres. Intriguée, la police finit par découvrir qu'un train qui passait chaque nuit, à la même heure, depuis vingt ans derrière ces maisons... avait été annulé cette nuit-là!

L'écoute des autres est une faculté qui relève de la partie consciente de ton cerveau. Par exemple, tu peux être en train de parler à un ami lorsque tu entends deux personnes mentionner ton nom. Tu peux très bien porter ton attention vers ces personnes au cas où tu entendrais quelque chose pouvant te nuire.

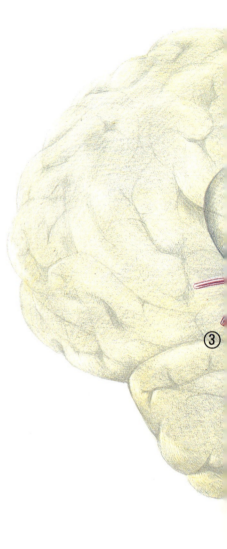

Tu peux donner l'impression d'écouter ton ami, mais même si tu entends les deux interlocuteurs, tu n'écoutes que la conversation de l'un d'eux.

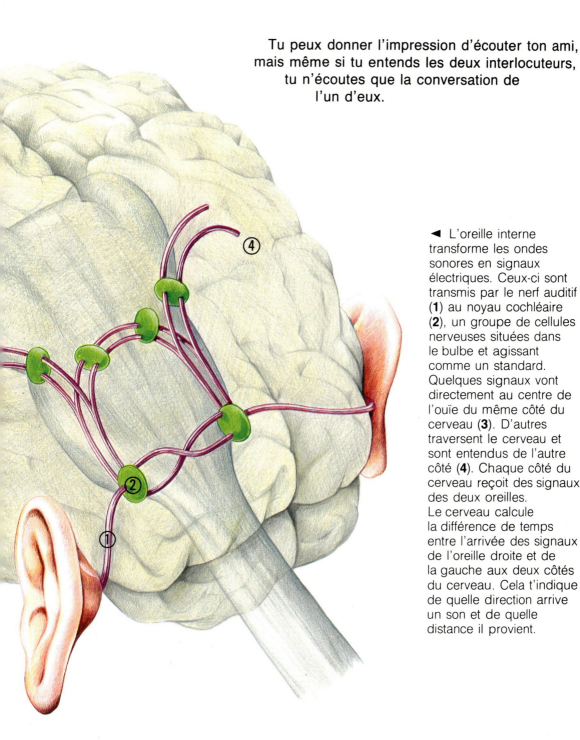

◄ L'oreille interne transforme les ondes sonores en signaux électriques. Ceux-ci sont transmis par le nerf auditif (**1**) au noyau cochléaire (**2**), un groupe de cellules nerveuses situées dans le bulbe et agissant comme un standard. Quelques signaux vont directement au centre de l'ouïe du même côté du cerveau (**3**). D'autres traversent le cerveau et sont entendus de l'autre côté (**4**). Chaque côté du cerveau reçoit des signaux des deux oreilles. Le cerveau calcule la différence de temps entre l'arrivée des signaux de l'oreille droite et de la gauche aux deux côtés du cerveau. Cela t'indique de quelle direction arrive un son et de quelle distance il provient.

Les modèles sonores

Le bulbe rachidien transmet les signaux des oreilles aux *lobes temporaux* du cerveau, situés derrière les oreilles. Ici, le cerveau te dit quels sons tu entends, quelle force ils ont et dans quel ordre ils arrivent. C'est un peu comme s'il réorganisait les lettres d'un mot.

Tu penses et tu te souviens grâce à des modèles. Tout comme les lettres sont assemblées pour faire un mot, les sons sont organisés en modèles. Cela se produit dans l'«aire d'association auditive» du côté gauche du cerveau, devant ton oreille gauche.

Tout comme les mots sont assemblés pour faire une histoire, la partie avant de ton cerveau, juste au-dessus des yeux, assemble les modèles sonores. C'est là que l'on comprend ce que l'on a entendu, et que l'on décide que faire.

Le grand compositeur allemand Ludwig van Beethoven (1770-1827) est lentement devenu sourd. À 50 ans, il était presque entièrement sourd et devait soutenir toutes les conversations par écrit. Mais Beethoven se rappelait si bien des modèles sonores qu'il pouvait encore écrire de la musique. Il a composé quelques-unes de ses plus grandes oeuvres alors qu'il n'entendait plus.

À partir de la naissance, ton cerveau mémorise tous les sons que tu entends. Lorsque tu deviens adulte, tu es capable de reconnaître environ un demi-million de sons différents. Le travail du cerveau n'est pas entièrement compris, mais on pense maintenant que le cerveau est le siège de la mémoire.

La façon dont tu ressens ces modèles altère ta facilité à te les rappeler. Il est probablement plus facile pour toi de te rappeler les noms de tes acteurs préférés que ceux des politiciens qui dirigent ton pays !

▼ Les musiciens utilisent un alphabet spécial de notes et des lignes pour indiquer comment reproduire les sons. La position d'une note sur la ligne te dit à quelle hauteur il faut la jouer et le type de note te dit la durée.

Dans la ferme à Mathurin

La distance

Tu utilises plusieurs de tes sens, y compris la vue et l'odorat, pour évaluer les distances. Savais-tu que tu utilises aussi l'ouïe?

Le cerveau détermine la distance et la direction d'un son en mesurant la différence de temps que le son prend pour atteindre chaque oreille. Par exemple, si un son est plus près de l'oreille droite, celle-ci entendra le son une fraction de seconde avant l'oreille gauche.

Voici une expérience simple qui l'explique. Tiens-toi face à une source sonore, un poste de radio par exemple. Ferme les yeux. Sais-tu toujours où est l'appareil? Mets une main sur une oreille et un tube cartonné sur l'autre. Dans quelle direction l'appareil semble-t-il se déplacer? Recommence l'expérience en changeant d'oreille.

Un son vient de l'arrière. Chaque oreille se situe à la même distance par rapport au son, donc les signaux des deux oreilles atteignent les deux moitiés du cerveau en même temps.

Lorsque tu tournes la tête, cela change la distance de la source du son à une oreille et t'aide à vérifier d'où vient le son.

Le son vient d'un côté et les signaux qui parviennent de l'oreille droite sont plus forts.

▲ Comme les signaux des sonars de bateaux, les chauves-souris produisent des ultrasons qui les aident à trouver leur nourriture dans le noir.

Chez certains animaux, la perception des distances est plus développée que chez l'humain. Les chauves-souris émettent des ultrasons et attendent que l'écho revienne à leurs oreilles. Les dauphins possèdent aussi ce système sonar naturel qui les aide à s'orienter sous l'eau.

Ces animaux utilisent la réflexion des ondes sonores, ou écho. Si tu cries au-dessus d'une vallée encaissée, les rochers du côté opposé peuvent réfléchir le son à sa source. Tu entends alors ta voix une seconde fois. Pour que tu entendes l'écho, la vallée doit avoir plus de 17 m de large. Tu continues d'entendre ton propre cri un dixième de seconde après avoir arrêté de crier. Comme le son voyage à environ 35 m par dixième de seconde, si la vallée a moins de 17 m de large, l'écho se mêlera à ton cri original.

Que peut-il arriver à tes oreilles?

Une douleur aux oreilles peut être causée par un courant d'air à l'oreille externe, de la cire dans le conduit auditif externe et des infections ou des changements de pression dans l'oreille moyenne.

Si tu as souvent le rhume, l'oreille moyenne peut s'infecter. Un fluide qu'on appelle pus s'accumule et devient trop épais pour être drainé dans la trompe d'Eustache. Cela peut causer une surdité temporaire qui disparaît avec le traitement de l'infection.

La plus commune des surdités est la surdité de *transmission* qui se produit lorsque le son ne peut atteindre l'oreille interne. Elle peut être provoquée par de la cire bloquant l'oreille, un tympan déchiré, ou une fracture des osselets de l'oreille moyenne. Parfois, on peut rétablir les osselets ou les remplacer chirurgicalement.

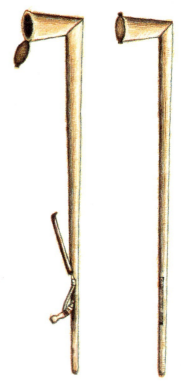

canne

cornet acoustique

▲ Ces ingénieux appareils sont d'anciens appareils acoustiques: canne, tube et cornet acoustiques. Ils agissent en recueillant beaucoup d'air, comme une énorme oreille externe qui augmente le son.

tube acoustique

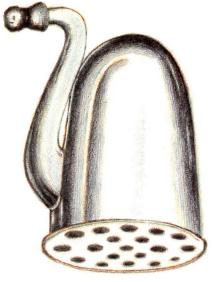
cornet acoustique

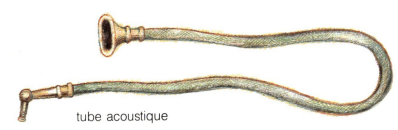
tube acoustique

▲ Cet appareil acoustique moderne s'installe dans l'oreille externe. Il contient un microphone et un haut-parleur, et une télécommande pour régler le volume.

La surdité de *perception* peut arriver après plusieurs années de bruit intense, ou avec l'âge. Souvent, un appareil acoustique peut aider les gens atteints de ce type de surdité.

Environ une personne sur cinq cents naît sourde. Au début de ce livre, tu as pu effectuer une expérience sur la surdité, mais imagine ce que ça représente d'être sourd en permanence. Une jambe dans le plâtre peut se voir et même attirer la sympathie. Mais on ne peut pas voir une oreille interne brisée, alors, trop souvent, on pense à tort que certaines personnes sont grossières ou stupides alors qu'en réalité, elles sont sourdes. Ces personnes ont dû trouver des façons particulières de communiquer, comme la langue des signes ou la lecture labiale.

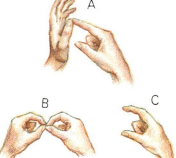

▲ Cette version anglaise de la langue des signes épelle des lettres de l'alphabet. D'autres utilisent un seul signe ou geste pour dire des mots entiers.

Glossaire

amplifier : augmenter, renforcer un son

amplitude : distance entre le haut et le bas d'une onde sonore

bang supersonique : le bruit fait par un avion qui franchit le mur du son

bel : unité de mesure de la puissance sonore

bulbe rachidien : la partie du cerveau située au sommet de la moelle épinière. Il reçoit les signaux du nerf auditif et les transmet aux lobes temporaux.

canaux semi-circulaires : les trois tubes recourbés situés dans l'oreille interne qui t'aident à garder ton équilibre

cartilage : tissu élastique résistant qui donne sa forme au pavillon

cervelet : partie du cerveau située à l'arrière de ta tête et qui t'aide à garder ton équilibre

conduit auditif externe : canal de l'oreille externe qui conduit au tympan

décibel : le dixième d'un bel

enclume : un des trois osselets de l'oreille moyenne

endolymphe : fluide clair qui remplit l'oreille interne

étrier : un des trois osselets de l'oreille moyenne

fenêtre ovale : fine membrane tendue en travers d'une ouverture du limaçon ; les osselets font mouvoir cette peau.

fréquence : nombre d'ondes sonores atteignant le même point en une seconde et mesuré en hertz

hertz : unité de fréquence ; un hertz équivaut à une onde par seconde.

limaçon : tube spiralé situé dans l'oreille interne qui est rempli d'endolymphe et qui contient l'organe de Corti

lobes temporaux : parties du cerveau à l'arrière des oreilles qui reconnaissent les sons et qui sont impliquées dans la mémoire

longueur d'onde : distance entre deux points identiques dans un modèle d'ondes : du sommet d'une onde au sommet de la suivante, ou de la base de l'une à la base de la suivante

marteau : un des trois osselets de l'oreille moyenne

mur du son : difficulté que rencontrent les avions quand ils atteignent la vitesse du son. L'avion doit vaincre la résistance des ondes sonores qu'il émet ; cela demande aux moteurs plus de puissance.

nerf auditif : nerf qui transporte les messages sonores de l'oreille au cerveau

onde sonore : vibration régulière dans les molécules de l'air ou de l'eau, provoquée par un objet en mouvement

oreille externe : partie visible de l'oreille composée du pavillon et du conduit auditif externe

oreille interne : partie de l'oreille composée du limaçon et des canaux semi-circulaires

oreille moyenne : cavité remplie d'air située entre le tympan et l'oreille interne et qui contient la chaîne d'osselets

organe de Corti: membrane couverte de cils enroulée à l'intérieur du limaçon où les signaux sonores sont changés en impulsions nerveuses

otolithes: cristaux de carbonate de calcium (craie) situés dans les canaux semi-circulaires

pavillon: partie de l'oreille qui dépasse de ta tête

sonar: système naturel ou construction artificielle qui mesure les distances en minutant l'écho

surdité de perception: perte de l'ouïe causée par des dommages aux cellules ciliées ou au nerf auditif

surdité de transmission: perte de l'ouïe causée par un blocage ou des dommages dans les parties de l'oreille qui conduisent les ondes sonores du pavillon à la fenêtre ovale

ton: fréquence de son utilisée pour décrire la différence dans les notes de musique

trompe d'Eustache: tube étroit qui lie l'oreille moyenne à l'arrière de la gorge

tympan: fine membrane de peau, étirée comme celle d'un tambour à l'extrémité du conduit auditif externe; les ondes sonores font vibrer le tympan.

ultrasons: son dont le ton est trop élevé pour être entendu par l'oreille humaine

vibration: mouvement rapide de va-et-vient

Index

air 6, 7, 14, 15, 28
aire d'association auditive 24
alcool 20
amplification 14, 30
amplitude 9, 11, 30
apesanteur 19
appareils auditifs 28, 29
astronautes 19

ballerine 21
bang supersonique 7, 31
Beethoven, Ludwig van 24
bel 11, 30
Bell, Alexander Graham 11
bulbe rachidien 20, 21, 22, 23, 24, 30

canaux semi-circulaires 5, 18, 19, 20, 30
carbonate de calcium 18
cartilage 12, 30
cellules nerveuses 16, 23
cerveau 17, 18, 19, 20, 21, 22, 23, 24, 25, 26
cervelet 20, 30
chat 11, 20
chauve-souris 11, 27
chien 10, 11
cils 16, 17, 18, 19
cire 12, 28
conduit auditif externe 5, 12, 13, 28, 30
cordes vocales 6
cornets acoustiques 28, 29
cortex moteur 21
cortex sensoriel 21
crâne 4, 16, 22

dauphins 27
décibel, 11, 30
distance 4, 26, 27
douleur 28

écho 10, 27
éclair 7
écoute 22, 23

électricité 7, 17
enclume 5, 14, 15, 30
endolymphe 16, 17, 18, 21, 30
équilibre 4, 18, 19, 20, 21
étourdissement 20
étrier 5, 14, 15, 16, 30

fenêtre ovale 15, 16, 30
fréquence 8, 9, 10, 11, 30

gorge 15
gravité 18, 19
grenouille 11

harmonica de verre 8
hertz 9, 10, 30

infection 20, 28

labyrinthe 13
langue des signes 29
lapin 12, 13
lecture labiale 29
ligne latérale 13
limaçon 5, 14, 16, 17, 18, 22, 30
lobe frontal 20, 21
lobe occipital 20, 21
lobe temporal 24, 30
longueur d'onde 9, 30
lumière 7

maladie 20
marsouin 11
marteau 5, 14, 15, 30
membrane 13, 15
mémoire 25
microbes 12, 13
moelle épinière 22
mur du son 7, 30
muscles 12, 13, 14
musique 24, 25

nerf auditif 17, 22, 23, 30
nerfs 18, 19, 20, 22, 23

notes 8, 10, 25
noyau cochléaire 23

oiseaux 11, 13, 20
ondes sonores 7, 8, 9, 10, 12, 13, 17, 23, 30
oreille externe 4, 5, 12, 13, 28, 29, 30
oreille interne 4, 5, 13, 15, 16, 17, 18, 19, 23, 28, 30
oreille moyenne 4, 5, 13, 14, 15, 16, 28, 30
organe de Corti 16, 31
osselets 5, 14, 15, 16, 17, 28
otolithes 18, 19, 31

parole 21
particules dans l'air 8, 9
pavillon 5, 12, 31
poisson 13
pression atmosphérique 14, 15, 28

réception des sons 11

sonar 10, 27, 31
sondeur acoustique 10
surdité 5, 24, 28, 29
surdité de perception 29, 31
surdité de transmission 28, 31

ton 10, 17, 25, 31
tonnerre 7
transmission du son 11
trompes d'Eustache 15, 28, 31
tympan 5, 12, 13, 14, 15, 28, 31

ultrasons 10, 27, 31

vibration 6, 8, 10, 13, 14, 15, 31
voix 6

yeux 4, 13, 19, 21, 24